1900 - Décembre - 27

Collection de feu Mr A. PERROT
TROISIÈME PARTIE

DESSINS ANCIENS

AQUARELLES, GOUACHES

Principalement

de l'Ecole française du XVIIIe Siècle

ET

DESSINS MODERNES

---

27 Décembre 1900

Mc Gaston CHARPENTIER	M. DUPONT Aîné
COMMISSAIRE-PRISEUR	MARCHAND D'ESTAMPES
25, Avenue Trudaine, 25	15, Rue de Seine, 15

(N° 175)

CATALOGUE

DES

DESSINS ANCIENS

AQUARELLES, GOUACHES

par ou attribués à :

Louis et Jules Boilly. — Bouchardy. — Fr. Boucher. — C.-L. Desrais.
Ch. Eisen.— H. Fragonard.— H. Gravelot.— Greuze — J.-B. Huet
P. Lélu. — Pallière. — Pourcelly. — Restout. — Hubert Robert
Aug. de Saint-Aubin. — Watelet. — P.-A. Wille, etc.

ET

DESSINS MODERNES

Composant la Collection de feu M. A. PERROT

TROISIÈME PARTIE

DONT LA VENTE APRÈS DÉCÈS AURA LIEU

HOTEL DES COMMISSAIRES-PRISEURS, RUE DROUOT,
SALLE N° 9.

LE JEUDI 27 DÉCEMBRE 1900

à deux heures précises

Par le Ministère de Me Gaston CHARPENTIER, Commissaire-Priseur
25, Avenue Trudaine, 25

Assisté de M. DUPONT, Aîné, Marchand d'Estampes
15, Rue de Seine, 15

Paris — 1900

CONDITIONS DE LA VENTE

Elle sera faite au comptant.

Les Acquéreurs paieront *cinq pour cent* en sus des enchères.

Pour les Dessins nous avons conservé les anciennes attributions.

MM. les Amateurs sont invités à venir se rendre compte de l'authenticité des Dessins chez M. DUPONT Aîné, 15, rue de Seine, les *Lundi 24 et Mercredi 26 Décembre*, de 10 à 6 heures, attendu qu'aucune réclamation ne sera admise le jour de la vente, une fois l'adjudication prononcée.

L'ordre numérique du Catalogue sera suivi.

DÉSIGNATION

Dessins Anciens

ANONYMES

1. — *Vignettes pour* Plaisir et Illusion, *de Nougaret.*

   Deux dessins à l'encre de chine.

   (H. 0,11. — L. 0,07.)

2. — *Médaille (avec revers) de la Société philanthropique
   et patriotique de Bienfaisance et de Bonnes mœurs.*

   A l'encre de chine.

   (Diam. 0,07).

3. — *Un Général de la Révolution à cheval : au fond une
   bataille.*

   A la plume lavé d'encre de chine.

   (H 0,30. — L. 0,27.)

BÉRICOURT

4. — *Un Champ de Foire. — Théâtre forain.*

   Deux aquarelles.

   (H. 0,16. — L. 0,23).

BOCQUET

5. — *Scènes de différentes comédies.*

   Cinq aquarelles. Signées : Bocquet, 1808.

   (Grandeur moyenne : environ 0,12 sur 0,08.)

BOILLY (Louis-Léopold)

6. — *Le Bon ménage.*

>Dessin à la pierre noire, lavé d'encre et rehaussé de blanc, sur papier teinté. Provient de la collection de Jules Boilly.
>
>(H. 0,24. — L. 0,28)

7. — *L'Amateur de miniatures ; composition de trois figures.*

>A la pierre noire, lavé d'encre de chine, sur papier teinté. Collection Jules Boilly.
>
>(H. 0,28. — L. 0,22).

8. — *Portrait de son fils Alphonse, graveur, né en 1801, mort en 1867.*

>Au crayon noir lavé d'encre et rehaussé d'aquarelle sur papier teinté. Daté : *Paris, 1823.* Collection Jules Boilly.
>
>(H. 0,19. — L. 0,14.)

9. — *Portrait de son fils Félix, mort capitaine au Sénégal. — Portrait de son fils Simon, colonel d'artillerie en retraite. — La Lecture de* Paul et Virginie, *dans le Salon de* Mme *Necker.*

>Quatre croquis à la mine de plomb et à la pierre noire. Collection Jules Boilly.

BOILLY (Jules)

10 — *Portrait de Alphonse Boilly, Graveur en taille-douce. — Portrait de Edouard Boilly, compositeur.*

>Deux dessins au crayon noir rehaussés d'aquarelle Collection Jules Boilly.
>
>(H. 0,23. — L. 0,18).

11. — *Portraits-charges d'artistes et de savants, la plupart membres de l'Institut.*

>Un album contenant soixante-cinq aquarelles à deux sur la feuille et huit croquis.

12. — *Deux portraits de Goya d'après les Tableaux du Musée de Madrid.*

>A la pierre noire, dont un rehaussé de blanc.
>
>(H. 0,26. — L. 0,20).

BOUCHARDY (F.)

13. — *Portrait de Mme de Chézy, poète et auteur dramatique.*
A la pierre noire, lavé d'encre de chine et rehaussé de pastel. Signé : *F. By.*
(H. 0,35. — L. 0,27.)

14. — *Portraits de Mlles Gros, Humbert et Guérin, actrices de l'Odéon.*
Trois dessins au crayon noir rehaussés de pastel. Le premier est signé : *F. Bouchardy, 1819.*
(Ovales. H. 0,18. — L. 0,15)

BOUCHER (François).

15. — *Portrait d'un jeune gentilhomme.*
A la sanguine. Au-dessous : *M. le baron de Sainct Clise, musicien,* et au revers cinq lignes d'écriture commençant par ces mots : « Madame Boucher prie Monsieur de... de lui faire la grâce de passer chez elle... elle voudrait bien lui faire voir la mignature... »
(H 0.15. — L. 0,10.)

BOUCHER (Attribué à Fr.)

16. — *Bergère gardant ses moutons.*
Croquis à la plume lavé de sépia
(H. 0.13. — L. 0.15.)

CARESME (Attribué à)

17. — *Bacchanales.*
Quatre croquis à la sanguine.
(H. 0,18. — L. 0,24.)

CHEVAUX

18. — *Caricature sur le Roi George IV, d'Angleterre.*
A l'encre de chine. Signé : *Chevaux fec.*
(H. 0,19. — L. 0,27.)

DAVID (Louis)

19. — *Sujet de l'Histoire Romaine.*
Croquis à la plume lavé de sépia.
(H. 0,14. — L. 0, 25.)
— Plus un buste de Lord Bentham, à la pierre noire
Signé : *P.-L. David, 1828.*

DEMARNE

20. — *Un paysan monté sur un âne et causant avec une Gardeuse de moutons.*

A l'encre de chine.

(H. 0,19. — L. 0,36.)

DENON (Vivant)

21. — *La Signora Canonici jouant de la harpe.*

A la pierre noire et à la plume.

(H. 0,10. — L. 0,07.)

DESRAIS (C.-L.)

22 — *Vignettes pour l'illustration de* Cléveland.

Douze dessins à la plume lavés d'encre et de sépia. Plusieurs sont signés : *C.-L. Desrais del. 1777.*

(H. 0,13. — L. 0,07)

23. — *Le Triomphe de Bacchus.*

A la plume lavé d'encre. Signé : *C.-L. Desrais, 1778.*

(H. 0,09. — L. 0,18.)

DESRAIS (Jules)

24. — *Bacchanale.*

A la plume lavé de sépia. Signé.

(H. 0,05. — L. 0,18)

DURAMEAU

25 — *Vignette : Danse dans un Salon.*

A la mine de plomb. Signé : *Durameau inven.*

(H. 0,08. — L. 0,05.)

ÉCOLE FRANÇAISE DU XVIIIᵉ SIÈCLE

26. — *Portrait de Mlle Vauquelin.*

A la sanguine.

(H. 0,21.— L. 0,16).

27.— *Portrait de femme, de trois quarts, les cheveux ornés d'une couronne de roses.*

A la pierre noire, rehaussé de pastel.

(Ovale. H. 0,21. — L. 0,16).

ÉCOLE FRANÇAISE DU XVIIIe SIÈCLE

28. — *Jeune fille lisant.*
>   Au crayon noir et à la sanguiue.
>
>   (H. 0.26. — L. 0,20).

29. — *L'Apothéose de la Musique.*
>   A la plume, lavé d'encre de Chine.
>
>   (H. 0,25. — L. 0,33).

30. — *Bacchanale, en forme de Frise antique.*
>   A la plume, lavé de sépia.
>
>   (H. 0,10. — L. 0,24).

EISEN (Charles).

31. — *Frontispice des* Lettres turques, *publiées à Amsterdam en 1750.*
>   A la mine de plomb et à la plume Signé : *Ch. Eisen in. et f.* A été gravé par Sornique.
>
>   (H. 0,12. — L. 0,07).

32. — *Vignette : La Noblesse commerçante.*
>   A la plume, lavé d'encre de Chine. Signée : *Ch. Eisen, in. et f. 1755.* A été gravée par Sornique.
>
>   (H. 0,13.— L. 0,07).

33. — *Frontispice : Au milieu un autel dédié à l'Amour avec les lettres* J. D. *enlacées.*
>   A la mine de plomb. Signé : *Ch. Eisen in. et f. 1767.*

34. — *L'Amour remettant son arc à Vénus. — Berger et Bergère se tenant embrassés ; entêtes de page.*
>   Deux dessins à la plume et à la mine de plomb. Signés. Ont été gravés par Sornique.
>
>   (H. 0,04. — Larg. 0,06).

35. — *Quatre Entêtes et six culs-de-lampe dont plusieurs avec les attributs de la Musique.*
>   Ensemble dix dessins à la mine de plomb dont cinq **tson** signés.

FRAGONARD (attribué à Honoré).

36. — *Intérieur d'une Villa à Rome.*
>   Au crayon noir et à la sépia.
>
>   (H. 0,15. — L. 0,19).

GOIS

37. — *Jeune mère avec ses deux enfants.*
A l'encre de chine. Signé : *Gois 1783.*
(H. 0,12. — L. 0 09).

GRAVELOT (Hubert)

38. — *Vignette pour les Œuvres de Rousseau, édition de 1764.*
Ah, berger volage !
Faut-il t'aimer malgré moi !
A la plume, lavé de sépia. Signée : *H. Gravelot, inven*
A été gravée.
(H. 0

— Plus un portrait de Gravelot à l'eau-forte pure.

GREUZE (Jean-Baptiste)

39. — *Jeune fille donnant à boire à un pauvre.*
Croquis à la sépia et à la sanguine.
(Ovale : H. 0,16. — L. 0,12).

HUET (J.-B.)

40. — *Jeune Nymphe avec ses compagnes, blessée par un serpent.*
Aquarelle avec rehauts de blanc. Signée : *J.-B. Hüet,*1783 ;
montage de ARD.
(H. 0,22. — L. 0,16).

41. — *L'Amour prie Vénus de lui rendre ses armes.*
A la plume lavé d'encre et de sépia. Signé : *J. B. Hüet*
1789.
(H. 0,14. — L. 0,11).

LALLEMAND

42. — *Cortège antique passant devant un Temple à Rome.*
A l'encre de chine et à l'aquarelle.
(H. 0,17. — L. 0,26).

LÉLU (Pierre)

43. — *Le Triomphe d'Amphitrite.*
A la plume lavé de sépia. Signé *P. L.*
(Ovale : H. 0,22. — L. 0,16)

LEMOINE (L.)

44. — *Frontispice : Jeune femme assise, appuyée sur un blason et l'Amour lui présentant un miroir.*

A la mine de plomb. Signé : *L. Lemoine, in.*
(H. 0,15. — L. 0,09)

LEONI (Ottavio)

45. — *Portrait d'homme.*

A la pierre noire rehaussé de blanc sur papier gris.
(H. 0,21. — L. 0,15).

MARILLIER (P.-C.)

46. — *L'Amour apportant une guirlande de fleurs à une jeune fille appuyée sur un fût de colonne.*

A la plume lavé d'encre de chine.
(H. 0,10. — L. 0,07).

PALLIÈRE (A. J.)

47. — *Vénus et Adonis.*

Deux dessins faisant pendants ; à l'encre de chine.
(H. 0,24. — L. 0,21).

48. — *Le Temps faisant passer l'Amour.*

A la pierre noire et à la sépia, rehaussé de blanc. Signé.
(H. 0.18 — L. 0,28).

PERRIER (François)

49. — *Neptune et Amphitrite accompagnés de Néreides et d'Amours.*

Aquarelle sur parchemin. Au revers la signature : *Franç. Perrier ft-Roma.*
(H. 0,11. — L. 0,24).

PETIT-RADEL

50. — *Colonne nationale ; monument formant le centre du Cirque du Palais du Gouvernement français.*

A la plume, lavé d'encre de chine. Signé : *Petit Radel en Brumaire an 10.*
(H. 0,59. — L. 0,42).

POURCELLY

51. — *Vue d'un château au bord d'une rivière.*
Gouache. Signée : *Pourcelly.*
(H. 0,16. — L. 0.22).

RESTOUT (attribué à)

52. — *La Vie du diacre Pâris.*

Dix-sept dessins au crayon noir et à la sanguine. Ont été gravés.
(H. 0,12. — L. 0,17).

ROBERT (Hubert)

53. — *Intérieur d'un Palais en ruines ; au milieu une Fontaine surmontée du groupe des Trois Grâces.*

A la plume, lavé de sépia.
(Diam. 0,26).

ROMANELLI

54. — *Nymphes au bain.*

A l'encre de Chine rehaussé de blanc, sur papier bleu. Signé : *H. Romanelli, 1775.*
(Ovale, H. 0,19. — L. 0,16).

SAINT-AUBIN (Aug. de)

55. — *Portrait de Grandval, comédien.*

Croquis à la mine de plomb.
(H. 0,12. — L. 0,10).

— Plus un autrecroquis : Portrait d'homme, par Duplessis-Bertaux, à la mine de plomb.

SERGENT

56. - *Portrait de Descartes. -- Le cardinal de Richelieu.*
Deux aquarelles.
(Ovales, H. 0,14. — L. 0,12).

SPAENDONCK (van)

57. — *Vase de fleurs.*

A l'encre de Chine et à la sépia.
(Ovale, H. 0,26. — L. 0,20).

— Plus deux études de fleurs, à l'encre de Chine.

VIDAL (L.)

58. — *Bouquets de fleurs.*

Douze aquarelles, signées.

(H. 0,31. — L. 0,22).

VINCENT

59. — *Portraits d'après nature ; plusieurs figures sur la même feuille.*

A la plume lavé de sépia. Signé : *Vincent f.*

(H. 0,16. — L. 0.12).

WATELET

60. — *Vue d'un village près d'une rivière.*

A la sépia. Signé : *C. V. Watelet, 1776.*

(H. 11. — L. 16).

61. — *Une Chaumière.*

Sépia et aquarelle. Signé : *Watelet, 1776.*

(Diam. 0,09).

WILLE (P. A.)

62. — *Intérieur rustique ; jeune mère donnant des soins à un petit enfant.*

Aquarelle. Signée : *P. A. Wille inv. et del., 1825.*

(H. 0,20. — L. 0,14).

63. — *Le Souffleur.*

A la sanguine. Signé : *P. A. Wille, filius del. 1779.*

(H. 0,39. — L. 0,20).

DESSINS DIVERS

64. — *Dessins anciens par ou attribués à Calloi, Monnet, Chaudet, Lesueur, Louterbourg.*

Dix pièces.

65. — *Dessins par ou attribués à J.-B. Huet, Louis Moreau, Bouchardy, Mayer, Péquignot.*

Huit dessins et aquarelles.

DESSINS DIVERS

66. — *Dessins par ou attribués à Lemot, Caresme, Desrais, Joseph Vernet.*

   Neuf pièces.

67. — *Portraits de femmes par ou attribués à Saint-Aubin, Gérard, Quénedey, Coypel, Watteau de Lille.*

   Treize dessins.

68. — *Portraits par ou attribués à Duvivier, Mme Moitte, Monsiau, Taunay, Prot. Oudry.*

   Huit dessins.

69. — *Portraits par ou attribués à Carmontelle, Danloux Bouchardy, Cochin.*

   Dix pièces.

70 — *Portraits d'Hommes et de Femmes célèbres du XVIIe siècle, attribués à Pierre Cazès.*

   Dix-neuf aquarelles et deux dessins aux trois crayons.

71. — *Ornements et Projets de Fontaines par ou attribués à Boucher, Peyrotte, Brongniart, Lequeux.*

   Quinze dessins et croquis.

72. — *Paysages et sujets par ou attribués à Lantara Denon, Oudry, Tirmont.*

   Dix dessins.

Dessins Modernes

ANONYMES

73 — *Une Scène de Sémiramis, à Londres.*

A la sépia. On y a joint la gravure.

74 — *Portrait du duc d'Angoulême. — Dupont de l'Eure.*

Deux dessins à la sépia.

75. — *Portraits d'actrices : Marie Taglioni. — M*me *Pasta.*

Deux aquarelles.

76. — *Caricature : le Bureau de la 4*e *division des Droits réunis.*

Aquarelle.

BAUDET-BAUDERVAL

77. — *Portraits de M*me *Sallé, actrice, la marquise de Prie, M. Hervey, amateur, M. Boutin et autres.*

Huit dessins au crayon et à l'aquarelle.

BOUCHOT

78. — *Portraits d'acteurs et d'actrices.*

Vingt-quatre aquarelles, presque toutes signées.

COLLIN (Mme)

79. — *Petites scènes de famille.*

Quatre aquarelles.

DUTERTRE

80. — *Portraits de littérateurs, acteurs et actrices.*

Vingt-quatre dessins à la sanguine, la plupart signés.

FRILLEY et ROUSSEAU

81. — *Suite de vignettes pour « Vert-vert », avec un portrait de Gresset.*

> Dix dessins à la sépia, dont plusieurs signés.

JACQUE (Frédéric)

82. — *Charlotte Corday et Marat.*

> A la pierre noire. Signé.

JOLY, CARLE, ALAUX

83. — *Costumes d'acteurs et d'actrices.*

> Cent soixante dessins à la plume et à l'aquarelle. Ont été gravés dans la collection Martinet.

LACAUCHIE, LEGÉNISEL, TATZ

84. — *Costume, portrait et sujets de fantaisie.*

> Cinq aquarelles, signées.

LALAISSE, LEJEUNE, LANGLOIS

85. — *Costumes militaires et autre.*

> Trois aquarelles.

LAURENCE (attribué à Th.)

86. — *Son portrait en costume d'acteur.*

> Aquarelle.

LEGÉNISEL (Eugène)

87. — *Son portrait, par lui-même.*

> Aquarelle, signée.

MASSARD (L.), GIRARDET, SANDOZ

88. — *Portraits de personnages célèbres.*

> Cent dix-neuf dessins à la mine de plomb, la plupart signés. Ont été gravés dans les *Galeries historiques de Versailles.*

MONNIER (Henri).

89. — *Portrait de François Boucher, peintre.*

A la pierre noire. Daté : 24 7bre 1843.

90. — *Portraits d'hommes.*

Deux dessins à l'aquarelle. Datés.

— Plus un autre portrait à la plume et une figure de femme à l'aquarelle.

RONMY

91. — *Un Pape recevant une missive.*

Aquarelle. Signée.

ROUGEVIN fils.

92. — *Décor et scènes de Théâtre.*

Aquarelle. Signée et datée 1850.

RUHIERRE

93. *Portrait de Tulou, musicien.*

A la mine de plomb. Signé.

94. — *Sujets de genre.*

Six dessins à la mine de plomb et à la pierre noire. Signés.

95. — *Portraits, sujets de genre, paysages.*

Trois albums contenant environ cinquante dessins et croquis à la pierre noire et à la sanguine, la plupart signés.

VIGNERON (Attribué à)

96. — *Portraits de Mlle Délia de l'Odéon et de Mlle Simonet cadette des Variétés.*

Miniature et peinture à l'huile.

DESSINS DIVERS

97. — *Dessins par ou attribués à Alaux, De Seine, Mauzaisse, Pradier, Fouques, Schnetz.*

Douze dessins et croquis.

DESSINS DIVERS

98. — *Dessins par ou attribués à Louis Boulanger, Mme Haudebourg-Lescot, Biard, Cambon, Daguerre, Michallon, de Vèze.*
   Onze pièces à l'aquarelle et à la sépia.

99. — *Dessins par ou attribués à Devéria, Roqueplan, Em. Wattier, Montagny, Ransonnette.*
   Sept dessins, plume et sépia.

100. — *Dessins par ou attribués à Gudin, Garneray, Paul Martin, Hull, Sang, Menut.*
   Huit aquarelles.

101. — *Dessins et croquis par Eug. Isabey, Jeanron, Tony Johannot, Lazerges, Ricquier, Pigal, Horace Vernet.*
   Dix-sept pièces à la plume et à la mine de plomb.

102. — *Portraits d'actrices et costumes.*
   Quinze dessins.

103. — *Portraits d'hommes.*
   Neuf dessins.

104. — *Vues de Rouen, Montpellier, Albi, Toulouse.*
   Treize dessins, sépia et aquarelle.

105. — *Vues de France et autres.*
   Quatorze aquarelles.

106. — *Vues et paysages.*
   Vingt-trois aquarelles.

107. — *Vues et Paysages.*
   Trente dessins à la sépia.

108. — *Sujets divers.*
   Environ cinquante dessins et croquis.

Grande Imprimerie du Centre, HERBIN, Montluçon.